L'IDÉE DE SOLIDARITÉ

EN TANT QUE PROGRAMME ÉCONOMIQUE

PAR

CHARLES GIDE,

Professeur d'économie politique
à la Faculté de Droit de Montpellier.

(Extrait de la *Revue Internationale de Sociologie*.)

PARIS

V. GIARD & E. BRIÈRE,

LIBRAIRES-ÉDITEURS

16, RUE SOUFFLOT, 16

1893

L'IDÉE DE
SOLIDARITÉ

EN TANT QUE PROGRAMME ÉCONOMIQUE

Les hommes de ma génération, ceux qui, étudiants il y a quelque vingt-cinq ans, ont applaudi aux cours de Laboulaye et aux articles de Prévost-Paradol, se rappellent combien le mot de Liberté sonnait fort de leur temps, combien de vertus on lui prêtait. Ce mot suffisait à tout, il répondait à tout, il justifiait tout : il était dans tous les discours « le mot de la fin », celui après lequel il ne reste plus qu'à s'asseoir. Mais depuis quelques années, la sonorité de ce mot décroît, comme les vibrations d'une cloche à mesure qu'on s'éloigne du rivage, et à mesure que nous nous rapprochons du tournant de ce siècle, voici qu'un autre mot se fait entendre, emplissant l'air à son tour d'une vibration grandissante et répétée et qui finit même par devenir assourdissante : c'est celui de Solidarité. Lui aussi dans tous les discours, manifestes, circulaires, devient le mot de la fin.

Les ouvrages publiés sous ce titre deviennent tous les jours plus nombreux (1) et il en est, à ma connaissance, au moins deux ou trois en préparation en diverses langues. Il y a quatre ans, à une époque où ce mot n'était pas encore aussi répandu, nous avions cru pouvoir le prendre comme devise de l'école nouvelle en économie politique (2), mais aujourd'hui toutes les écoles sociales, anarchisme, collectivisme, socialisme chrétien, libéralisme même, le revendiquent. Et même dans les programmes électoraux, que viennent de publier les deux mille candidats à la députation en France, on le trouvera au moins mille

---

(1) Rappelons ici seulement : *la Solidarité morale*, de M. Marion ; *la Division du travail social*, par M. Durkheim ; *Solidarité* de M. Wagner ; *Solidarité* de M. Recolin ; *le Principe de la morale*, par Charles Secrétan, etc., etc.

(2) *Quatre Écoles d'Économie sociale*. Genève, 1890.

fois. Il est incontestable que si la devise républicaine, liberté, égalité, fraternité, était à refaire, notre mot prendrait la place de l'un de ces trois termes et peut-être même, à lui seul, les remplacerait tous les trois.

Je n'ai nullement l'ambition, dans ces quelques pages, de présenter une théorie de la solidarité. Je me propose simplement de rechercher quelles causes ont valu à ce vocable un si grand crédit (1) et si sa fortune promet d'être plus durable que celles de tant d'autres devises qui ont servi à résumer à un moment donné les aspirations d'une époque et ont été oubliées du jour où ces aspirations se sont trouvées réalisées ou déçues.

C'est d'abord à la science, et plus particulièrement aux sciences naturelles, que l'esprit moderne va demander ses inspirations. Et ce sont elles en effet qui ont provoqué d'abord ce changement de formule. Les sciences naturelles ne croient guère à la liberté et, laissant en tout cas aux métaphysiciens le soin de discuter sur le libre arbitre, ne connaissent et n'acceptent sur leur domaine que le déterminisme. Elles ne croient pas davantage à l'égalité, puisque la théorie darwinienne fait au contraire des inégalités naturelles ou acquises le point de départ de la sélection et du progrès. Quant à la fraternité, inutile de dire que ce vieux mot n'a plus cours dans la langue scientifique. On laisse à ceux qui y croient encore le soin de la démontrer par des embrassades, mais les gens sérieux ne croient plus qu'au *struggle for life*. D'une façon générale tous ces droits naturels dont se grisaient nos pères, et la justice elle-même, ont été relégués par la science dans la région des entités. Mais pour la solidarité, c'est une autre affaire. La solidarité est un fait, un fait d'une importance capitale dans les sciences naturelles, puisqu'il caractérise la vie. Si l'on cherche en effet à définir l'être vivant, « l'individu », on ne saurait le faire que par la solidarité des fonctions qui unit des parties distinctes, et la mort n'est autre chose que la rupture de cette solidarité entre les divers éléments qui constituent l'individu et qui désormais désassociés vont entrer dans des combinaisons nouvelles, dans des êtres nouveaux. Et si une pierre n'est pas un individu, si elle ne vit pas c'est parce que ses parties constitutives, reliées simplement par le fait de l'attraction moléculaire, ne paraissent pas soutenir

---

(1) Il est à remarquer que c'est surtout en France que ce mot a fait fortune et que c'est de là qu'il s'est répandu à l'étranger. Les langues anglaises et allemandes n'emploient pas tout à fait ce mot dans le même sens que la nôtre,

entre elles ces rapports de dépendance réciproque qui s'appellent la solidarité (1).

L'économie politique est venue à son tour — et peut-être même avant la biologie — démontrer la solidarité naturelle qui se manifeste dans toute société en mettant en lumière le grand fait de la division du travail, cette division du travail qui, rendant chaque individu incapable de se suffire par lui-même, le réduisant au rôle d'organe chargé d'une fonction spéciale, le force à attendre des autres membres de la société la satisfaction de ses besoins et noue ainsi entre tous les liens d'une dépendance mutuelle et d'une commune destinée. Edgard Quinet, dans *la Création,* a appelé cette rencontre de la biologie et de l'économie politique sur le terrain de la solidarité : « le plus grand événement scientifique de notre temps » et peut-être ne se trompait-il pas de beaucoup (2).

Mais ce n'est pas seulement par des théories scientifiques que la solidarité a été démontrée, c'est dans la pratique de la vie de chaque jour que peu à peu elle s'est révélée à nous. Chaque découverte nous montre que son rôle est plus grand encore que nous ne le soupçonnions et chaque invention nouvelle, à la regarder de près, ne semble avoir d'autre résultat que d'étendre les frontières de cet empire. Ainsi la découverte la plus importante peut-être de ce siècle, au point de vue de ses applications pratiques, celle du rôle des microbes dans la propagation des maladies, a fait pénétrer l'idée de solidarité non plus

---

(1) Et si, obéissant à une tendance assez à la mode aujourd'hui, on cherche s'il n'existerait pas jusque dans les minéraux quelque vie obscure, c'est dans la solidarité des parties telle qu'elle paraît se manifester dans certaines formes minérales, les cristaux par exemple — qu'on va en chercher la preuve. (Voy. Sabatier, *Vie et Mort.*)

(2) Il est vrai que si les sciences naturelles et économiques se sont comme entendues pour mettre en lumière l'idée de solidarité, elles semblent aussi s'être donné le mot pour mettre en lumière une idée qui paraît assez en antagonisme avec la précédente, celle de concurrence et de lutte. Cependant l'antagonisme est plus apparent que réel ; c'est en effet par l'association et la solidarité étroite des associés que se gagne souvent la victoire : barbares marchant au combat après s'être fait attacher les uns aux autres par des chaînes de fer, soldats d'Alexandre ou légionnaires romains liés ensemble dans ces formes terribles de solidarité militaire qui se sont appelées la phalange ou la légion. Mais de plus il y a une tendance bien marquée dans la nouvelle école naturaliste à considérer, même dans le règne animal, « le développement de l'esprit de coopération, d'amour et de sacrifice, non plus comme de simples utopies, mais comme la plus haute expression du procès de l'évolution dans la nature. » (Voy. Geddes, article *Evolution* dans l'Encyclopédie Britannique.)

seulement dans les intelligences, mais dans les préoccupations journalières et intimes de chacun de nous. Chacun sait désormais que sa santé et sa vie dépendent dans une large mesure non seulement de la santé de ses voisins, de ses concitoyens, mais de tel ou tel acte insignifiant de leur part, du fait de cracher à terre, par exemple, et d'y semer les bacilles de la tuberculose. L'arrêté pris récemment par la Préfecture de police de Paris (10 juillet) et qui défend « de cracher sur le parquet dans les bureaux de tramways et d'omnibus » n'est-il pas une curieuse apparition de la solidarité dans la loi ?

Dans un conte admirable des *Mille et une Nuits* — comme ils le sont tous, d'ailleurs — un marchand qui mange paisiblement des dattes et en jette les noyaux en l'air, voit surgir soudain de terre un génie, le cimeterre au poing, qui lui déclare qu'il va être jugé et exécuté sur l'heure parce qu'en lançant les noyaux de datte autour de lui, l'un de ces noyaux a atteint et tué un des habitants de l'air. L'histoire merveilleuse du conteur arabe est reconnue aujourd'hui être la réalité : elle se lit en toutes lettres sur les affiches de police.

Un médecin citait, dans un rapport récent, le fait d'une sage-femme qui avait l'habitude d'insuffler de l'air dans la bouche des nouveau-nés pour faciliter la première respiration. Comme elle était phtisique sans s'en douter, il s'est trouvé qu'elle leur a soufflé à tous la mort. Effroyable responsabilité que celle qui fait dépendre la vie et la mort de nos semblables d'un souffle de notre bouche !

Et ces inventions qui font l'orgueil de ce siècle, chemins de fer, télégraphes, téléphones, phares à foyers électriques, ponts métalliques jetés sur les bras de mer, tunnels creusés sous les Alpes, isthmes percés... et aussi journaux quotidiens à un sou, presses à vapeur... à quoi servent-elles en fin de compte ? Est-ce à rendre les hommes plus heureux ? Rien n'est moins certain, mais elles servent à resserrer les liens de la solidarité nationale ou internationale entre les hommes, en leur permettant de communiquer plus rapidement, en les mettant en contact, et en les faisant vibrer à l'unisson et instantanément dans la communauté des mêmes intérêts, des mêmes émotions, en donnant au genre humain la conscience de son unité. A les regarder sur la carte on voit leur réseau de lignes noires, rouges ou bleues, se resserrer de plus en plus comme pour envelopper le globe tout entier d'un gigantesque filet à mailles si serrées que nul ne peut y échapper. Et non seulement les inventions mécaniques, mais les conventions internationales, les traités, concourent au même résultat. Il y a quelques mois la Chambre des députés a dû renoncer à appliquer une taxe sur les étrangers, parce qu'un traité conclu avec le Transvaal ne le permettait pas, et qu'en vertu de la clause dite « de la nation la plus favorisée », la plupart des pays d'Europe auraient pu invoquer l'exemption conférée, probablement par distraction, à cette lointaine République. La clause de la nation la plus favorisée, en effet, consiste en ceci que tous les pays sont appelés à bénéficier de l'avantage accordé à un seul. Et si aujourd'hui une réaction protectionniste a pu entraver les progrès de cette solidarité internationale, ce n'a été qu'en lui opposant (ainsi qu'elle le déclare dans tous ses manifestes) la prétendue solidarité des intérêts nationaux.

Mais l'école de la solidarité s'est grossie d'un affluent venant d'une source tout opposée, je veux parler de la philosophie et de la théologie chrétienne. Ce n'est pas d'hier assurément que l'on avait remarqué les fortes expressions de St-Paul : « nous sommes tous membres d'un même corps ». Toutefois, ceci pourrait n'être qu'une affirmation énergique de la fraternité des hommes, mais quand l'apôtre dit : « De même que c'est par la chute d'un seul homme que tous les hommes sont tombés dans la condamnation, de même c'est par la justice d'un seul que tous les hommes reçoivent la justification.... De même que tous meurent en Adam, de même tous revivent en Christ » (1) — il est évident que c'est là la plus énergique expression de la solidarité (dans le sens propre de ce mot) que le monde ait jamais connue. Le dogme qui fait le fond de la doctrine chrétienne, à savoir que tous les hommes nés ou à naître sont condamnés à porter éternellement la peine du péché originel du premier homme, mais qu'ils peuvent tous échapper à cette condamnation en s'appropriant les mérites d'un autre homme, l'Homme-Dieu, mort sur la croix, ce double dogme de la coulpe et de l'expiation, cette grandiose et tragique explication des origines et des destinées de l'espèce humaine, n'est autre chose évidemment que la théorie de la solidarité elle-même portée à sa plus haute puissance.

C'est ainsi que l'ont comprise les penseurs, surtout dans la religion protestante, qui se sont efforcés de concilier les enseignements de l'Evangile avec ceux de la science, et il faut avouer que la coïncidence est saisissante (2).

---

(1) Romains, V, 18. 1re aux Corinthiens, XV, 22.

(2) C'est la doctrine enseignée notamment par M. le professeur Secrétan de Lausanne : « Le mystère religieux du salut en Jésus-Christ, l'imputation au fidèle des mérites de Jésus-Christ, n'est que la forme du mystère physique, l'unité de l'espèce humaine réalisée par l'enchaînement organique des indi-

Cette intervention de la religion dans la théorie de la solidarité nous amène à nous demander si l'idée de solidarité suppose quelque chose de plus qu'un simple fait, si elle a une valeur morale, si son développement implique un progrès, un bien. Il faut bien qu'on lui prête certaines vertus puisque nous avons vu qu'on tend de plus en plus à en faire une devise, un programme. Mais pourtant il ne semble pas qu'en soi la solidarité ait aucun caractère éthique : c'est une loi naturelle qui peut nous paraître juste ou injuste suivant les cas, peut-être même plus souvent injuste que juste. Ces dogmes chrétiens eux-mêmes, ce péché originel en vertu duquel tous les hommes sont condamnés en naissant par suite d'un péché qu'ils n'ont jamais commis, cette expiation en vertu de laquelle les hommes pécheurs sont appelés à bénéficier des souffrances et de la mort d'un être saint et juste qui souffre et meurt pour eux — et autour de nous cette fatalité héréditaire qui poursuit si impitoyablement dans la personne des enfants innocents les vices ou les crimes des pères,

Delicta majorum immeritus lues,

ces épidémies en vertu desquelles tout un peuple peut se trouver décimé par suite de la saleté et de l'incurie de quelques individus, cette loi économique fameuse de *l'unearned increment* en vertu de laquelle un propriétaire oisif, un rentier fumant sa pipe, peut bénéficier, sous forme de plus-value de sa terre ou de ses loyers, de tout l'effort et de tout le travail de milliers de producteurs actifs et laborieux — toutes ces manifestations innombrables de la solidarité où l'on voit les bons payer pour les méchants et les méchants profiter de ce que font les bons, ne nous paraissent répondre à aucun idéal désirable : bien au contraire, semble-t-il ! Il n'y a rien là de plus qu'une forme de l'antique fatalité, celle que les tragiques grecs nous représentaient sous les traits effroyables des Euménides.

Il est vrai, mais en admettant même que la solidarité ne fût qu'une forme de la fatalité (et nous verrons tout à l'heure combien cette conception est loin d'être exacte), elle aurait encore du bon. Elle nous contraindrait en effet à nous occuper les uns des autres

---

vidus....» *Civilisation et Croyance*, p. 442. — M. Bois, de son vivant doyen de la Faculté de Théologie de Montauban, avait développé les mêmes doctrines.

Le « criticisme », avec MM. Renouvier et Pillon, y a aussi adhéré dans une certaine mesure.

et à ne pas vivre pour nous seuls, ce qui est déjà un bien ; il est fâcheux que les microbes des quartiers pauvres empoisonnent les quartiers riches, mais depuis qu'on le sait, les riches ont pris pour l'assainissement des quartiers pauvres, pour l'inspection des logements insalubres et pour la construction des maisons ouvrières, infiniment plus de soucis qu'ils n'en auraient pris sans cela. Les maladies infectieuses sont certainement beaucoup mieux soignées, depuis que chacun sait qu'il est exposé à avaler des bacilles. Il est vrai que le premier mouvement, quand on se trouve en présence d'une maladie contagieuse, c'est de la fuir : mais le second mouvement — le bon et qui procède pourtant du même raisonnement — c'est de chercher les moyens de la prévenir pour s'en garer. Si les nations n'avaient pas acquis une claire conscience de la solidarité fatale qui aujourd'hui les relie bon gré mal gré dans la bonne comme dans la mauvaise fortune, il y a longtemps que la guerre dont on nous menace aurait éclaté, mais cette crainte salutaire est le commencement de la sagesse.

Mais pourtant c'est seulement du jour où la solidarité devient libre et volontaire, qu'elle acquiert sa valeur morale. Or, cette transformation doit s'opérer : elle se fait chaque jour, et les travaux les plus intéressants publiés sur ce sujet, Wundt, Metchnikoff, Fouillée, Durkheim, Secrétan, ont eu uniquement pour but de le démontrer.

Il semble que la solidarité soit appelée à passer par trois phases successives.

Dans la première, imposée par la nature, elle est fatale, inconsciente, automatique. C'est probablement ainsi que nous devons nous représenter la solidarité qui unit les cellules d'un être vivant. Mais elle peut exister sous cette forme même entre hommes. Dans un livre profond quoique peu connu, *les Grands fleuves historiques*, Metchnikoff nous montre les civilisations antiques et notamment celle de l'Egypte, fondées sur la solidarité naturelle qu'établit entre les habitants de la vallée du Nil, le cours du fleuve, la nécessité de construire sur un plan général les digues et les canaux et d'exécuter à la même époque les travaux de culture et d'irrigation. Et un pouvoir despotique assurait par des mesures coercitives cette solidarité déjà imposée par la nature des choses.

Dans la seconde phase, la solidarité, tout en conservant son caractère fatal, peut devenir volontaire en ce sens que les hommes acquièrent la claire conscience du lien qui les unit et loin de regimber contre lui, y acquiescent de bonne grâce. Reconnaître une loi comme néces-

saire, mais la reconnaître en même temps comme bonne et y apporter
le concours empressé et joyeux d'une bonne volonté, ne pas se laisser
traîner malgré soi vers un but qu'on ignore, mais vouloir cette fin, la
faire sienne et coopérer dans la mesure de ses forces à la réaliser, c'est
là déjà un progrès considérable. *Summa Deo servitus, summa libertas,*
disaient les anciens théologiens (1). Tel est par exemple, le caractère
que doivent déjà revêtir dans nos sociétés modernes ces modes de
solidarité qui s'appellent le service militaire, le paiement des impôts,
et dans certains pays la contribution de la part du patron aux assu-
rances ouvrières contre les accidents, les maladies, la vieillesse. Chacun peut être contraint *manu militari* à remplir ces obligations, mais
tout homme qui voit clairement à quelle fin elles tendent, les remplit
spontanément et volontairement. Comme le dit une locution populaire, « il ne se fait pas prier ».

Enfin il existe une dernière phase de la solidarité où toute coerci-
tion disparaît et où il ne reste plus que cette libre coopération qui ré-
sulte du concours des volontés. C'est celle qui apparaît d'une façon

---

(1) C'est la théorie du philosophe allemand Wundt. D'après lui, tout ce qui
était inconscient se transforme peu à peu en une fin voulue et consciente.
L'individu se dégage peu à peu de la solidarité primitive et forcée, mais pour
y revenir plus tard de lui-même et avec la pleine conscience du rôle qu'il a
à remplir dans l'ordre social. Voy. le résumé de sa doctrine par Rauh dans
la *Revue d'Economie politique*, mars 1891.

Mêmes conclusions du professeur Secrétan. Après avoir posé le principe
de l'Unité fondamentale de l'espèce humaine, il ajoute : « Il faut vouloir
réaliser cette unité, parce que la fin de quelque chose est la réalisation de
son essence... Le bien moral sera donc de nous vouloir et de nous conduire
comme membres de l'humanité. Le mal sera de nous vouloir isolément, de
nous séparer des corps dont nous sommes les membres » (*Civilisation et
Croyance*, p. 276-294).

M. Durkheim dans son livre déjà cité, oppose, comme Metchnikoff, à la solidarité « mécanique », où les individus ne sont pas encore différenciés et sont
agrégés comme les molécules d'un cristal, la solidarité « organique » où les individus sont unis précisément par suite des fonctions différentes qu'ils remplis-
sent. Et cette évolution se manifesterait par les progrès de la coopération volontaire entre individus, par le développement du droit contractuel opposé
au droit pénal.

M. Metchnikoff, après avoir tracé le tableau auquel nous avons fait allusion,
de la solidarité coercitive des grandes civilisations de l'Egypte et de l'Asie,
la montre remplacée peu à peu chez les peuples modernes par la solidarité
libre, c'est-à-dire par la coopération. « Les mots d'évolution, de progrès, dit-
il, eussent été vides de sens si dès son premier pas sur la scène historique,
l'humanité eût déjà su résoudre le problème de la solidarité volontaire ».

si éclatante dans ces innombrables formes d'association qui s'élèvent de toutes parts, mais dont les syndicats professionnels et les sociétés coopératives sont les types les plus caractéristiques. On sait que telle est la thèse développée par M. Fouillée dans sa *Science Sociale*. Il pense que la société est un organisme régi au début par les seules lois naturelles, mais qui peu à peu se transforme en un organisme contractuel (1), société idéale « où tous seraient parfaitement libres et cependant parfaitement unis ». C'est cette forme de solidarité qui est la plus haute et c'est celle que nous devons nous efforcer de réaliser.

On peut très bien suivre cette évolution dans les régimes successifs d'organisation du travail, par exemple. Au début, voici le régime des castes, forme primitive de la division du travail, et par conséquent aussi d'une certaine solidarité, mais d'une solidarité coercitive, héréditaire, fatale, et même probablement inconsciente de la part de ceux qui la subissaient. Puis le régime corporatif où la solidarité est encore imposée par la loi, mais où elle devient consciente, voulue, et où ses bienfaits sont certainement ressentis par les membres de l'association. Enfin, de nos jours, l'association libre sous forme syndicale ou coopérative où toute contrainte a disparu — non sans peine pourtant, et peut-être prématurément, puisqu'on tend à revenir aux syndicats obligatoires.

Il est à remarquer que la thèse théologique dont nous parlions tout à l'heure s'adapte très bien à cette évolution, car elle indique clairement le passage, elle aussi, de la solidarité forcée à la solidarité voulue. La chute de tous les hommes en Adam, voilà à l'origine la solidarité fatale que chaque enfant des hommes porte dans sa chair en venant au monde ; le salut de tous les hommes en Christ, voilà pour la vie à venir la solidarité libre qui ne peut se réaliser que par le don de soi-même. Ici donc encore les écoles sociologiques et chrétiennes se sont rencontrées, et le crédit attaché au mot de solidarité en a été fort accru.

.*.

Reste à voir maintenant si la formule de la solidarité est assez large et assez originale pour servir de devise à une nouvelle école et quelles applications on peut en tirer, en nous limitant sur le terrain économique.

La formule de la solidarité nous permettra d'abord de nous dis-

---

(1) « Une coopération sympathique peut s'établir entre des cellules d'abord tout égoïstes ». *Science sociale*, p. 201.

tinguer d'une façon assez nette de l'école libérale classique. Ce n'est pas que la liberté et la solidarité soient incompatibles, puisque nous venons de voir au contraire que la solidarité tend à se réaliser dans la liberté. Mais si c'est là qu'elle tend, ce n'est pas de là qu'elle vient : elle vient des fatalités naturelles : donc l'école qui a apprécié les bienfaits de la solidarité, même sous la forme coercitive, ne fera pas de la liberté un critérium infaillible pour juger de la valeur des doctrines ou des institutions : elle n'y cherchera pas la solution unique. Par exemple, elle ne repoussera nullement l'intervention de l'Etat dans les questions économiques, car l'Etat lui apparaît comme une forme très remarquable — la forme la plus large — de la solidarité sociale, et encore que cette forme soit coercitive, elle ne l'estime pas moins d'une haute valeur morale (1). Elle se réjouira donc quand l'Etat forcera par des lois les propriétaires rapaces à aménager leurs immeubles dans l'intérêt de la santé publique, ou les patrons à se préoccuper de la santé de leurs ouvriers, ou les boutiquiers récalcitrants à fermer leurs magasins le dimanche pour ménager la santé de leurs employés, ou quand il soumettra à des règlements draconiens les débitants d'alcool ou les kiosques qui vendent des feuilles obscènes. La loi, a-t-on dit, doit être la conscience de ceux qui n'en ont pas : c'est très bien dit, mais il faut dire de même que lorsque le sentiment de la solidarité sociale fait défaut, aussi bien que la conscience, à beaucoup de gens, la loi doit l'imposer. Ce sera d'ailleurs le meilleur procédé éducatif pour faire naître ce sentiment et l'enraciner dans les mœurs, en dépit du dicton bien vieux et bien superficiel *quid leges sine moribus ?*

En sens inverse, l'école de la solidarité ne pourra se montrer très sympathique à la concurrence, qui est une des formes sous laquelle l'école classique aime à saluer le principe du laisser-faire. Elle ne pourra oublier que la concurrence, c'est « la lutte pour la vie » et

(1) D'ailleurs, si l'on peut dire que l'association représentée par l'Etat n'est pas libre, puisqu'on y entre par la naissance, on ne saurait cependant dire qu'elle est coercitive, car nous y adhérons volontairement et spontanément, et tout bon citoyen ratifie mille fois dans sa vie la qualité de Français que la loi lui a conférée. Et au bout du compte il est libre de se dépouiller de cette qualité en se faisant naturaliser étranger. Quant au fait que dans cette association qui s'appelle l'Etat, chacun de nous doit subir la loi de la majorité, on peut en dire autant de toute association.

C'est précisément la théorie de Wundt dont nous avons parlé. C'est comme représentant la solidarité sociale qu'il attache à l'Etat une importance incomparable.

qu'elle procède par conséquent d'un principe directement opposé à celui de « l'association pour la vie. » La concurrence produit ce que je
puis appeler une solidarité *à rebours*, je veux dire que tandis, que sous
le régime de la véritable solidarité le bien de l'un devient le bien de
tous et le mal de l'un le mal de tous, sous le régime de la concurrence
au contraire, comme l'a dit depuis longtemps Montaigne, le profit de
l'un est le dommage de l'autre ; la fortune d'un industriel s'élève sur
les ruines de ses concurrents moins heureux, et c'est la défaite des uns
qui peut seule assurer la victoire des autres. En fait de commerce
international, l'école dont nous esquissons le programme ne saurait
être protectionniste à la façon dont on l'est aujourd'hui, puisque ce
protectionnisme s'efforce justement de rompre tout lien de solidarité
entre nations et de réaliser, en fait de rapports internationaux, le
principe « chacun pour soi »; mais elle ne goûtera pas non plus beaucoup le *free-trade* à la mode anglaise qui n'est en somme qu'une
autre forme du « Chacun pour soi », chacun devant se frayer sa voie
à coups de coude. Des unions douanières entre nations fondées
par des sacrifices réciproques consentis en vue d'un intérêt général —
l'intérêt européen, par exemple, en face de la concurrence améri-
caine — répondraient le mieux à son programme en faisant naître
le sentiment de grandes solidarités internationales, et l'attente d'une
solidarité plus universelle encore.

Même les formes d'associations préconisées par l'école classique
libérale ne sont que des formes pauvres et peu faites pour nous rap-
procher de l'idéal que cette école a en vue. Que penser par exemple
de la Société par actions dans laquelle M. de Molinari voit le type
de l'organisation économique future et qui prend en effet de nos
jours un si grand développement ? Où est-elle cette solidarité que
nous cherchons ? Pas assurément dans les rapports entre les ouvriers
employés par la Compagnie et les actionnaires de cette Compagnie :
associés de fait dans une entreprise commune, il n'existe entre eux
aucun lien de droit, aucun intérêt commun ; ils sont partagés en
deux classes, les uns travaillant dans une entreprise dont ils ne touchent point les fruits, les autres se partageant les produits d'une
entreprise dans laquelle ils ne travaillent point ; ils ne se voient pas,
ne se connaissent pas et se haïssent pourtant d'une haine anonyme,
comme le nom même que porte cette forme de société. Faut-il la
chercher au moins, cette solidarité, dans les rapports des actionnaires entre eux ? Pas davantage ; eux non plus, dispersés aux quatre

coins du monde, peut-être ne sachant même pas où est située l'entreprise à laquelle ils sont soi-disant associés, ne connaissant d'elle que les papiers à beaux dessins qu'ils ont en portefeuille, ne se touchent que par le lien d'un même dividende à palper.

Inutile de multiplier ces contrastes : il est évident qu'en toutes choses, une école qui prend pour devise l'intérêt personnel et « l'aide-toi toi-même » ne saurait se placer au même point de vue qu'une école qui place son idéal dans le sentiment de notre dépendance mutuelle, dans l'adhésion joyeuse à cette dépendance et dans la bonne volonté de travailler à la réaliser.

L'école socialiste, elle, emploie plus volontiers le mot de solidarité, surtout les anarchistes qui en font un fréquent usage. Et nous ne nions pas que ces doctrines, en effet, ne travaillent à réaliser à leur manière la solidarité (1), mais il ne paraît pas qu'elles emploient les moyens les mieux adaptés à cette fin. Ces moyens sont, en effet, la lutte des classes, la suppression des inégalités et de toutes les institutions, telles que propriété, hérédité, etc., qui peuvent avoir pour résultat de les augmenter ou de les perpétuer. Or la lutte des classes ne paraît pas un moyen très propre à développer la solidarité entre membres d'une même société, mais seulement entre les membres respectifs des classes aux prises, de même que la guerre ne paraît pas un bon moyen de développer la solidarité internationale, quoiqu'elle puisse avoir pour effet de fortifier cette solidarité entre membres d'un même pays qui s'appelle le patriotisme. Quant à la suppression des inégalités, ceci surtout paraît à l'encontre des fins qu'on se propose. S'il est un fait bien démontré, c'est que la solidarité implique la diversité et l'inégalité des parties. Là où toutes les parties sont semblables, il peut y avoir juxtaposition, comme entre les grains d'un tas de sable, ou tout au plus ce que M. Durkheim appelle la solidarité mécanique, comme entre les molécules qui constituent un cristal, mais il ne saurait y avoir de solidarité véritable, et plus au contraire les individus seront différenciés, plus leur coopération sera active. Il faut tendre à accroître les variations des individus, non à les restreindre (2).

---

(1) « Si l'égoïsme et l'athéisme séparés, poussés chacun à l'extrême, sont pernicieux, associés ensemble ils se résolvent en un troisième terme qui est la loi des sociétés de l'avenir. Cette loi c'est la solidarité ». *La Société mourante et l'Anarchie*, par Jean Grave. Voy. aussi KROPOTKINE *passim*.

(2) Metchnikoff dans l'ouvrage déjà cité et qui a une tendance nettement anarchiste soutient, il est vrai, la thèse contraire. Pour lui la solidarité par-

Il faut accorder cependant qu'il y a certaines formes de l'inégalité qui, par leur caractère excessif vont à contre-fin de la solidarité et ne sauraient par conséquent être approuvées par une école qui prend cette devise. L'extrême richesse, en effet, comme l'extrême pauvreté, peuvent avoir ce résultat fâcheux de rompre le lien qui unit l'individu à la communauté, et qui les unit entre eux. S'il y a entre Lazare et le riche un fossé aussi grand que celui qu'Abraham montrait au mauvais riche de la parabole : « Entre vous et nous s'ouvre un grand abîme afin que ceux qui veulent passer d'ici vers vous ne le puissent point et qu'on ne traverse pas non plus de vous vers nous », il est clair qu'en ce cas la solidarité sociale est rompue. Pour le pauvre qui est très pauvre, qui couche à la belle étoile et qui vit de maraude, il n'y a pas de lien social : que lui importe que Paris brûle ! Et pour le riche qui est très riche, qui a villas aux bords de la mer et châteaux sur la montagne et son portefeuille garni de titres de rentes de tout pays, celui-là aussi peut s'affranchir de tout lien social : il n'a cure de l'épidémie, de la révolution, de la guerre, ces fléaux ne l'atteignent pas : il peut, quand il lui plaît, s'enfermer dans sa tour d'ivoire, et regarder brûler Rome, comme Néron, en jouant de la lyre.

L'école de la solidarité conclura donc qu'il est mauvais qu'un homme puisse se trouver affranchi des joies ou des douleurs communes : et à ce point de vue elle repoussera les institutions ou les lois qui favoriseraient ce résultat, mais elle condamnera plus énergiquement encore, non moins fidèle en cela à son principe, tout système social qui tendrait à réaliser pour les hommes une uniformité

---

faite implique « l'abolition normale de toute différenciation politique et sociale ». Mais le seul argument qu'il fournisse c'est que les extrêmes inégalités nécessiteront toujours, pour que l'ordre soit maintenu dans la société, l'intervention d'un pouvoir coercitif et par là iront à contre-fin du véritable idéal de la solidarité. Cet argument suppose que la différenciation engendre nécessairement l'antagonisme, la haine et l'envie, supposition qui peut être considérée malheureusement comme conforme à la réalité dans le milieu social actuel, mais qui paraît par trop pessimiste quant aux rapports sociaux que les hommes pourront entretenir dans l'avenir.

Cette différenciation est donc moins, à vrai dire, dans l'intérêt des individus qui en profitent, que dans l'intérêt de l'espèce. D'après la thèse originale et hardie soutenue par le professeur Sabatier (*Vie et Mort*), les cellules du protoplasme qui, sous leur forme première, c'est-à-dire indifférencié, jouissent d'une immortalité potentielle, se vouent à la mort en se faisant muscles, os, nerfs, c'est-à-dire en se différenciant, mais elles font ce sacrifice de leur immortalité pour pouvoir permettre au corps dont elles font partie de connaître, de sentir, d'aimer.

d'éducation, de condition, de milieu et qui, par l'identité des individus associés, ramènerait les sociétés aux types inférieurs des organismes inférieurs, aux colonies animales.

Les socialistes et communistes comptent bien aussi que sous leur régime les faibles profiteront du travail des forts : seulement, comme ce régime ne paraît pas devoir laisser beaucoup de place aux initiatives individuelles, il est à craindre que les individualités découragées n'abdiquent et ne se laissent mener par les incapables : en ce cas le résultat obtenu serait l'inverse de celui que nous cherchons : ce ne sont pas les forts qui élèveraient les faibles en leur tendant la main, ce seraient les faibles qui feraient dégringoler les forts en montant sur leur dos. C'est bien là une forme de solidarité, si l'on veut, mais il y a du moins une nuance qu'il importe de remarquer.

Si l'école de la solidarité ne veut ni de l'individualisme ni du communisme, où cherchera-t-elle donc une solution pratique? Où donc sinon dans l'association coopérative sous ses formes infiniment diverses, dans cette forme d'association qui réalise pleinement l'idéal d'une solidarité consciente et librement acceptée et qui l'exprime naïvement par l'emblème populaire de deux mains jointes et par la devise: « Chacun pour tous, tous pour chacun » ce qui est précisément la traduction populaire de l'idée de solidarité. Et si l'on demande en quoi cette forme d'association réalise mieux le principe de solidarité que toute autre forme d'association, il sera facile de démontrer qu'effectivement elle le serre de beaucoup plus près. Donnons seulement quelques preuves.

D'abord le but essentiel de l'association coopérative, association de consommation, de production ou de crédit, c'est la suppression des intermédiaires et la mise en contact immédiat des producteurs et des consommateurs, de ceux qui ont de l'argent à placer et de ceux qui en ont à emprunter, etc., c'est-à-dire le rapprochement de ceux qui ont besoin les uns des autres, en supprimant ou en réduisant au minimum les organes de transmission. Or il est clair que la solidarité est d'autant plus active entre les parties que celles-ci sont plus rapprochées. Actuellement les producteurs font du bon vin et le vendent à vil prix : les consommateurs boivent du mauvais vin et le paient cher. Actuellement les capitalistes qui ont de l'argent à placer ont beaucoup de peine à en trouver un intérêt passable ; mais les gens qui ont de l'argent à emprunter n'en trouvent qu'à des conditions fort onéreuses. Les membres de la société qui ont besoin les uns des autres se trouvent donc séparés les uns des autres par des sortes de cloisons étanches qui empêchent ou gênent singulièrement la circulation entre elles, et leur enlèvent jusqu'à la conscience même de la solidarité de leurs intérêts pour ne laisser entre eux que le sentiment d'un antagonisme d'intérêts, comme on le voit, par exemple, sur la question des droits de douane.

L'association coopérative ne borne pas du reste son ambition à mettre en relations directes les partis dont les intérêts sont aujourd'hui en conflit — producteurs et consommateurs, créanciers et débiteurs, patrons et ouvriers, propriétaires et locataires : elle tend à supprimer jusqu'à l'occasion même du conflit en confondant en une seule personne les deux antagonistes : dans la société de consommation, le consommateur devient son propre marchand et son propre producteur (1); dans la société de production, l'ouvrier devient son propre entrepreneur ; dans l'association de crédit, l'emprunteur devient son propre prêteur de deniers; dans l'association de construction, le locataire devient son propre propriétaire. Comment dans ces conditions, ces intérêts antagonistes ne deviendraient-ils pas forcément solidaires ? C'est bien ici le cas de dire que par cette pénétration mutuelle, ils ne font qu'un corps (2).

Ce n'est pas tout. L'association coopérative aboutit à ce résultat original de permettre aux faibles de bénéficier de l'énergie des forts, ce qui est bien contraire aux théories évolutionnistes d'Herbert Spencer, mais on ne peut plus conforme à la loi de la solidarité. Tous ceux qui ont l'expérience des associations coopératives sous une forme quelconque savent qu'elles ne peuvent prospérer qu'autant qu'il s'y trouve une ou quelques individualités énergiques qui font réussir l'entreprise. Or, sous le régime individualiste, ces individualités bien trempées seraient probablement arrivées à se tirer d'affaire par elles-mêmes ; elles auraient réussi, comme on dit, et auraient re-

---

(1) C'est ainsi que les consommateurs dans la boulangerie coopérative font eux-mêmes leur pain, et dans la boucherie coopérative abattent eux-mêmes le bétail qu'ils mangent. Et dans le puissant Wholesale anglais, ils fabriquent eux-mêmes leurs savons, leurs biscuits, leurs chaussures, leurs draps, etc. et tendent même aujourd'hui, par la création de fermes coopératives, à produire leur blé, leur lait, leur beurre, leurs fruits, leurs légumes, etc.

(2) C'est même là la théorie d'Hegel : l'antagonisme entre le capitaliste et le travailleur se transformant en un régime dans lequel le travailleur sera son propre capitaliste. On reconnaît ici sa méthode : la thèse, l'antithèse, et la synthèse qui les concilie.

cueilli seules les fruits de leurs succès. Mais sous le régime coopératif, elles sont obligées pour ainsi dire de traîner à la remorque une
masse plus ou moins inerte d'individus qui auraient été incapables
de s'élever par eux-mêmes.

Qu'on songe que les associations coopératives (du moins si elles
demeurent fidèles à leur principe) restent toujours ouvertes à ceux
qui voudront y entrer, aux mêmes conditions que les membres fondateurs — principe combien différent de celui qui régit nos entreprises et
associations capitalistes ! — en sorte que les vétérans qui ont été à
la peine et ont passé par toutes les épreuves du début verront des
nouveaux venus, ceux-là mêmes peut-être qui les ont raillés et qui
leur ont jeté la pierre, recueillir les mêmes dividendes qu'eux-mêmes,
et ainsi, comme dans la parabole de l'Evangile, les ouvriers de la
onzième heure seront payés au même prix que les ouvriers de la première heure ! Ce n'est pas là un résultat très conforme à l'idée individualiste que nous nous faisons de la justice. Eh bien ! ce qui prouve
la valeur de l'éducation coopérative, c'est que les fondateurs et les
chefs de ces associations ne songent pas à se plaindre de ce rôle que
nous qualifierons volontiers de dupe, ils s'y prêtent de bonne grâce ;
ils s'en montrent fiers et joyeux.

Mais si telles sont les vertus que le système coopératif contient en
puissance, il est aisé de comprendre qu'elles ne sont pas près de se
réaliser dans un milieu aussi pauvre moralement que le nôtre.
Et on n'a pas de peine à comprendre non plus pourquoi les résultats
obtenus par les asssociations coopératives ne répondent guère
encore, même en Angleterre, à de si hautes ambitions. Enfin on com-
prend aisément pourquoi, alors que la solidarité a tant de peine
encore à se constituer sous sa forme libre, qui est l'association coopérative, elle tend au contraire à se développer rapidement sous la
forme coercitive — d'une valeur inférieure au point de vue moral, mais
d'une pratique bien plus facile — qui s'appelle le Socialisme d'Etat.

1re Année. — N° 5. — Septembre-Octobre 1893

REVUE INTERNATIONALE

DE

SOCIOLOGIE

PUBLIÉE AVEC LA COLLABORATION ET LE CONCOURS DE

MM. **Albert Babeau**, correspondant de l'Institut. — **Ballesteros**, ancien ministre de la Cour Suprême, à Santiago. — **Paul Beauregard**, prof. à la Faculté de Droit de Paris, directeur du Monde Économique. — **R. Bérenger**, membre de l'Institut, sénateur. — **Jacques Bertillon**, chef des travaux statistiques de la ville de Paris. — **Alexis Bertrand**, professeur à la Faculté des Lettres de Lyon. — **Émile Cheysson**, inspecteur général des ponts-et-chaussées, prof. à l'École des Mines et à l'École libre des Sciences politiques. — **James Darmesteter**, prof. au Collège de France, secrétaire général de la Société Asiatique. — **Léon Duguit**, prof. à la Faculté de Droit de Bordeaux. — **Alfred Espinas**, prof. à la Faculté des Lettres de Bordeaux. — **Fernand Faure**, ancien député, prof. à la Faculté de Droit de Paris. — **Enrico Ferri**, député, professeur à l'Université de Pise. — **Alfred Fouillée**, correspondant de l'Institut. — **Alfred Giard**, prof. à la Faculté des Sciences de Paris. — **Charles Gide**, prof. à la Faculté de Droit de Montpellier. — **Paul Guiraud**, prof. à la Faculté des Lettres de Paris. — **Louis Gumplowicz**, prof. à l'Université de Graz. — **Maxime Kovalevsky**, ancien prof. à l'Université de Moscou. — **Ferdinand Larnaude**, prof. à la Faculté de Droit de Paris. — **Charles Letourneau**, prof. à l'École d'Anthropologie. — **John Lubbock**, membre de la Chambre des Communes et de la Société Royale de Londres. — **Henri Marion**, prof. à la Faculté des Lettres de Paris. — **Carl Menger**, prof. à l'Université de Vienne. — **Gabriel Monod**, prof. à l'École Normale Supérieure et à l'École des Hautes Études, directeur de la Revue Historique. — **J. Novicow**, à Odessa. — **Edmond Perrier**, membre de l'Institut, prof. au Muséum d'histoire naturelle. — **C. Pfister**, prof. à la Faculté des Lettres de Nancy. — **Georges Renard**, prof. à l'Université de Lausanne. — **E. van der Rest**, prof. à l'Université de Bruxelles, ancien recteur. — **Michel Revon**, prof. à l'Université de Tokio. — **Th. Ribot**, prof. au Collège de France, directeur de la Revue Philosophique. — **Charles Richet**, prof. à la Faculté de Médecine de Paris, directeur de la Revue Scientifique. — **V. Rossel**, prof. à l'Université de Berne. — **Th. Roussel**, membre de l'Institut, sénateur. — **Henri Saint-Marc**, prof. à la Faculté de Droit de Bordeaux. — **Albert Schæffle**, ancien ministre, directeur de la Zeitschrift für gesammte Staatswissenschaft, à Stuttgart. — **Franz Schrader**, chargé de cours à l'École d'Anthropologie. — **Jules Simon**, membre de l'Institut, sénateur, ancien président du Conseil des ministres. — **Gabriel Tarde**, juge au tribunal de Sarlat. — **J.-J. Tavares de Medeiros**, membre de l'Académie des Sciences, à Lisbonne. — **Edward B. Tylor**, membre de la Société Royale de Londres. — **John M. Vincent**, prof. à l'Université Johns Hopkins de Baltimore.

PAR

RENÉ WORMS

AGRÉGÉ DE PHILOSOPHIE, DOCTEUR EN DROIT
Secrétaire général de l'Institut international de Sociologie.

Abonnement annuel : France, 10 fr. — Étranger, 12 fr.

PARIS

V. GIARD & E. BRIÈRE, ÉDITEURS

16, RUE SOUFFLOT, 16

1893

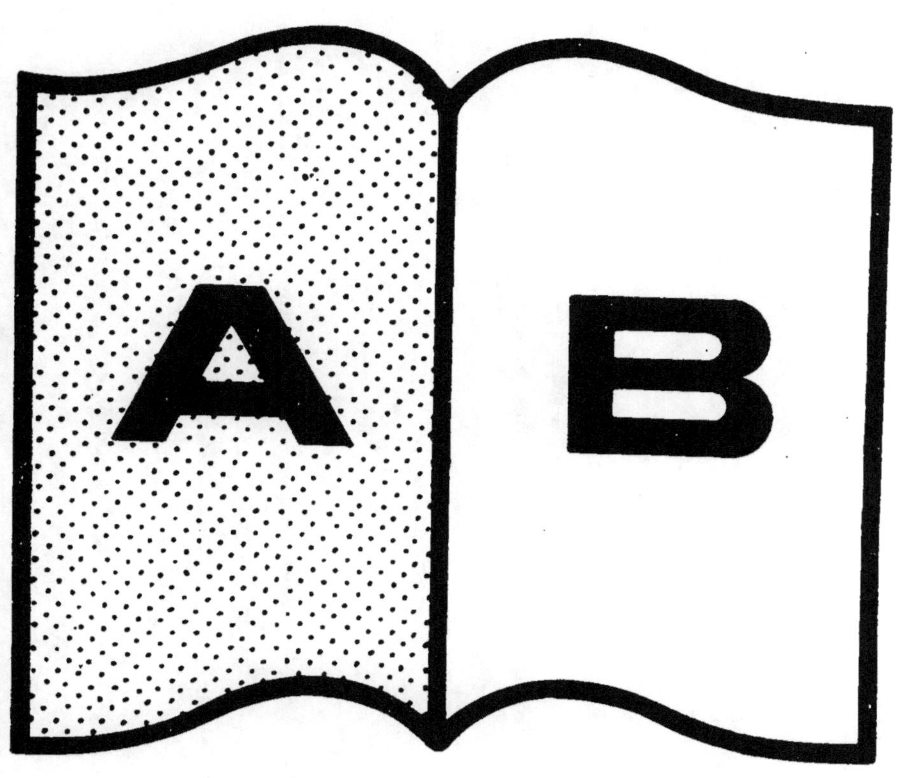

Contraste insuffisant

NF Z 43-120-14